KENNEDY

La vida del presidente y su lucha contra el comunismo

Por Quentin Convard
En colaboración con Jonathan Jackowska
Traducido por Laura Bernal Martín

Historia · en50MINUTOS.es

KENNEDY

CARNET DE IDENTIDAD

- **¿Nacimiento?** El 29 de mayo de 1917, en Brookline (Massachusetts)
- **¿Muerte?** El 22 de noviembre de 1963 en Dallas (Texas)
- **¿Partido político?** El Partido Demócrata
- **¿Fecha de la elección?** En 8 de noviembre de 1960
- **¿Duración del mandato?** Dos años, diez meses y dos días
- **¿Principales aportaciones?**
  - El programa espacial
  - La lucha contra el comunismo
  - El programa New Frontier («Nueva Frontera»)
  - El Cuerpo de Paz

INTRODUCCIÓN

John F. Kennedy es considerado, especialmente junto a Abraham Lincoln (1809-1865) y Franklin Roosevelt (1882-1945), uno de los presidentes estadounidenses más importantes. Sin embargo, está lejos de haber contribuido a la evolución de su país como hicieron estos dos prestigiosos predecesores. Feroz adversario del comunismo, su mandato está marcado principalmente por el contexto de la Guerra Fría (1945-1990) y por los sobresaltos que conlleva este conflicto. Sus iniciativas en materia de política exterior evidencian rápidamente los límites del presidente más joven de los Estados Unidos.

Su popularidad, que le lleva a ser considerado uno de los

presidentes más queridos del país, se debe tanto a su brutal asesinato como a su encanto y a la mitología que rodea a Kennedy y a su clan. Si echamos la vista atrás, vemos que John Fitzgerald Kennedy aparece como una figura pública más que como un hombre de Estado. Sin embargo, está destinado desde una edad temprana a cargos de responsabilidad, respondiendo así a la ambición de su padre, un político indolente que a menudo privilegia la forma en detrimento del fondo. Su hábil uso de los medios de comunicación, su humor, su facilidad retórica y, sobre todo, el poder financiero de su padre, le permiten a John Fitzgerald Kennedy construir un mito en torno a su persona, un mito que se prolonga cuando se casa con Jackie. Pero no deja de ser un político formidable, con una elevada consideración de su papel y que personifica las esperanzas de los años sesenta. Es el espejo de las aspiraciones de los estadounidenses, reflejando no lo que estos son realmente, sino lo que desearían ser.

BIOGRAFÍA

LA DINASTÍA KENNEDY

John F. Kennedy nace en 1917 en una familia rica de Boston, los Kennedy, un poderoso clan formado por *self-made-men* que viven por y para el honor de su dinastía. Su abuelo paterno, Patrick Joseph Kennedy (1858-1929), es una figura clave en la región, mientras que su padre, Joseph Patrick Kennedy (1888-1969), asienta el dominio del clan en la ciudad y lo amplía a todo el país. Este último, diplomado en Harvard e impaciente por enriquecerse, entra en el mundo de las finanzas y, con 25 años, se convierte en el jefe de banco más joven, acumulando su primer millón antes de llegar a la treintena. En 1914, se casa con Rose Fitzgerald (1890-1995), hija de un notable católico de Boston. Juntos tienen nueve hijos, siendo John F. Kennedy el segundo.

Joseph P. Kennedy es un patriarca omnisciente, que sigue consolidando su poder con el dinero más que con la política. Tanto es así que no duda en reunirse con la mafia e importar whisky durante la Ley Seca (1920-1933). Asegurando haber previsto el crack de 1929, gana varios millones de dólares especulando en la bolsa con talento. A continuación, se lanza a la industria del cine y, en la segunda mitad de los años cincuenta, figura en la lista de los 20 estadounidenses más ricos según la revista *Fortune*.

El clan Kennedy, foto de 1931.

UN JOVEN REBELDE CON UN DELICADO ESTADO DE SALUD

En este peculiar hogar, a la vez sofocante y tranquilizador, evoluciona John, al que todo el mundo llama «Jack». Un hogar donde el padre, a menudo ausente, es el cabeza de familia, obligando a Rose a procurar que se respete la voluntad de su marido. El objetivo que debe guiar a los niños es hacer brillar el nombre de la familia. Aunque sus hermanos se someten a los dictámenes de este padre cesariano, John se desmarca. Es desordenado, suele llegar tarde y a menudo discute con su madre sobre temas como la disciplina y la religión.

Pero su infancia está marcada sobre todo por problemas de salud. A los dos años y medio de edad padece escarlatina. Pero la influencia política de su abuelo le permite ser hospitalizado en uno de los mejores hospitales de Boston y sobrevivir así a esta epidemia, que provoca la muerte a cientos de niños en el área metropolitana. Asma, anomalías sanguíneas, problemas de visión, mala audición... John no se libra de nada. Pero son sus problemas de espalda, probablemente relacionados con la enfermedad de Addison que padece, los que le hacen sufrir más y le obligan, ya de adulto, a llevar un corsé y a someterse a muchas y delicadas operaciones.

A los 14 años, John se aleja de su familia. Hasta los 18 años estudia en el internado Choate Rosemary Hall (Connecticut), un instituto privado. A pesar de faltar mucho debido a su enfermedad, enseguida se hace popular y destaca más por su encanto y su humor que por sus resultados académicos, aunque brilla en literatura e historia. En 1935, el joven se libera aún más del yugo familiar al acudir durante algunas semanas a la universidad de Princeton en vez de a Harvard, preferida por los hombres del clan Kennedy. Pero después de una nueva hospitalización regresa a Boston y, en el otoño de 1936, su padre lo hace volver a entrar en razón inscribiéndolo en Harvard, donde se le considera un estudiante brillante a pesar de su falta de disciplina.

LONDRES Y LA GUERRA

En diciembre de 1937, Joseph Kennedy, cercano al presidente

Roosevelt, es nombrado embajador en Londres, uno de los cargos más importantes y prestigiosos de la diplomacia estadounidense. Para cumplir su misión, el conocido como «señor embajador» se vale de sus fondos personales para contratar a un equipo colosal. La familia va de un acto a otro, seduciendo tanto a la aristocracia británica como a la prensa.

En esta turbulenta época de la historia, John se encuentra en una posición privilegiada y no duda en ayudar a su padre en su misión durante las vacaciones de verano. Unos meses más tarde, él y su hermano mayor, «Joe» Kennedy (1915-1944), se instalan en la embajada como secretarios sin sueldo. Pero la forma en que Joseph Kennedy gestiona la crisis que sacude Europa empieza a molestar al otro lado del Atlántico. Joseph Kennedy, partidario de una política conciliatoria hacia la Alemania nazi, se gana la hostilidad de la clase política británica y del Departamento de Estado de los Estados Unidos. Por miedo a los bombardeos, el padre envía a su familia de vuelta a los Estados Unidos en 1940 y dimite para hacer campaña contra la entrada en guerra de su país. Esto acaba con su ascenso político.

Entonces, John F. Kennedy vuelve a Harvard y dedica su tesis a la falta de preparación militar británica ante el fuerte armamento de Alemania. Sus profesores consideran que el trabajo es superficial e incompleto, y obtiene un aprobado. Pero su padre, lejos de opinar lo mismo, convence a su hijo para que lo convierta en un libro titulado *Why England Slept* (*«¿Por qué se durmió Inglaterra?»*). Impulsado por los elogios de la prensa, el libro se vende bien y le permite al joven diplomado darse a conocer.

Después de un romance con Inga Arvad (1913-1973), una periodista danesa sospechosa de ser una espía nazi, John F. Kennedy es ascendido al rango de teniente en 1943 y es destinado a una escuadrilla de torpederos. En agosto del mismo año, mientras que está al mando de un buque encargado de interceptar un convoy japonés, hunden su barco. Nada durante varias horas con otros supervivientes hasta llegar a otra isla con el fin de encontrar ayuda. Su padre difunde la historia, intentando convertir a su hijo en un héroe. Al mismo tiempo, su hermano mayor, Joe, se ofrece como voluntario para una misión peligrosa de la que no saldrá vivo. Entonces, John F. Kennedy se convierte a ojos de su padre en el nuevo hijo pródigo, el que debe hacer carrera en política.

Fotografía de John Kennedy cuando era teniente en 1943.

LA ENTRADA EN LA POLÍTICA

Para meter a su hijo en la esfera política, Joseph Kennedy se compromete a pagar las deudas del diputado del 11.º distrito de Massachusetts con la condición de que no se vuelva a presentar a las elecciones legislativas de 1946, dejando así espacio para su hijo. Gracias al dinero de su familia y a los contactos de su padre, John F. Kennedy es elegido con facilidad. Sin embargo, el nuevo diputado se cansa enseguida de su mandato. Es reelegido dos veces, liberándose de la ideología de su padre al votar a favor de medidas sociales, pero acercándose a él al presentarse como un feroz oponente al comunismo.

Pero lo que más le interesa a John F. Kennedy es la política exterior. Sin embargo, comienza aspirando al cargo de representante de Massachusetts y tiene como adversario al republicano Henry Cabot Lodge (1850-1924), enemigo de toda la vida del clan Kennedy. La batalla es dura, pero toda la familia le apoya: mientras que Joseph Kennedy gasta grandes sumas de dinero en publicidad, las mujeres organizan *tea parties* y Robert Kennedy (1925-1968), a los 27, se convierte en el director de campaña de su hermano. Tras hacerse con la victoria, ingresa en la Cámara de Representantes en 1946 y es reelegido en 1948 y en 1950. A continuación se convierte en senador en 1953, cargo que ocupa hasta 1960.

Pero este no es el acontecimiento que más cambiará la vida del joven ese año. De hecho, cuando es entrevistado por Jacqueline Lee Bouvier (1929-1994), una reportera gráfica del *Washington Times Herald*, el senador de 36 años se enamora de esta mujer doce años menor que él. Se casan en septiembre y tienen dos hijos: Caroline (nacida en 1957) y John (1960-1999). En 1956, Jackie da a luz a un bebé que nace muerto, Arabella, y en 1963, nace prematuramente Patrick, que muere dos días después.

Boda de John F. Kennedy y Jacqueline Lee Bouvier.

Durante el verano de 1954, John F. Kennedy sufre especialmente problemas de espalda. Entonces se programa una
operación, pero durante la intervención ocurren muchas
complicaciones. Entra en coma, y todos creen que no saldrá
de él. Por lo tanto, la sorpresa no puede ser mayor cuando,
en la primavera de 1955, regresa al Senado, ovacionado por
sus compañeros. Sin embargo, de esta operación va a nacer
una polémica. De hecho, en diciembre de 1954, el senador
McCarthy (1908-1957), un gran amigo de Joseph Kennedy

pero enemigo de su partido, es acusado de haber mentido al Congreso. Pero la ausencia de John Kennedy ocurre precisamente cuando el Congreso debe decidir su destino, lo que le evita un gran dilema.

CONTEXTO POLÍTICO Y SOCIAL

LOS ESTADOS UNIDOS: AL RALENTÍ, PERO SEGUROS DE SÍ MISMOS

John F. Kennedy es elegido en 1960 por unos Estados Unidos que reclaman el derecho a soñar de nuevo y que ven cómo una juventud vibrante y llena de vitalidad invade el país. Desde la Segunda Guerra Mundial, los Estados Unidos han podido afirmarse como potencia mundial, pero en los años cincuenta, más tranquilos, las ambiciones de dominación del país disminuyen un poco.

Sin embargo, el período es rico en avances tecnológicos, que mejoran la vida cotidiana de los estadounidenses y los conducen a una forma de vida cada vez más consumista. El sector automovilístico es el que más cristaliza la voluntad de modernidad del país. Mientras que en 1946 solo 28 millones de automóviles circulan sobre el territorio, en 1965 alcanzan los 75 millones. Esta evolución en el transporte también transforma el paisaje urbano, en el que aparecen colosales autovías, centros comerciales o incluso los drive-in.

El día a día de las familias estadounidenses también cambia radicalmente debido a la democratización de muchas máquinas. Ahora, los hogares estadounidenses se equipan con secadoras, con lavadoras e incluso con aire acondicionado. Cuando John F. Kennedy sale elegido, el 96 % de los estadounidenses cuentan con un frigorífico, el 89 % con una lavadora y el 80 % con una televisión. Pero a pesar de esta aparente comodidad, la economía se desacelera durante el gobierno de Eisenhower (1953-1961). En 1958, el 7 % de la población está en paro, algo que no ocurría desde hacía 20 años. Peor aún, la tasa media de crecimiento anual es del 4,3 % para el período de 1947-1952 y solo del 2,5 % para los años republicanos, mientras que, al mismo tiempo, el índice de precios de consumo aumenta a toda velocidad.

Sin embargo, los estadounidenses no pierden la confianza en su capacidad de recuperación y no culpan demasiado al presidente de la debilidad económica. Aunque a partir de las elecciones de 1954 los demócratas se convierten en mayoría en el Congreso, la figura central de los años cincuenta, tranquilizadora, conservadora y prestigiosa, sigue siendo la del general republicano Eisenhower (1890-1969). Y con razón, porque este último hace lo que un pueblo interesado en los asuntos locales y en el bienestar de su hogar espera de un hombre de Estado. El antiguo militar se opone al comunismo, está familiarizado con el mundo de los negocios y, sobre todo, representa un tranquilizador retrato de un país próspero. Sin embargo, la población se hace preguntas sobre su futuro y sobre el papel que los Estados Unidos tienen que desempeñar de ahí en adelante en la escena internacional ante el peligro soviético. Poco a poco, también surge la idea de que ha llegado el momento de ocuparse de problemas dejados de lado durante demasiado tiempo, entre los que se encuentra la cuestión de los derechos civiles.

LOS DERECHOS CIVILES

John F. Kennedy no es un firme defensor de los derechos civiles. Ya es poco apreciado entre los demócratas conservadores y pro-segregacionistas del Sur, y no quiere renunciar a esta importante parte de su electorado. Además, no le gusta nada la personalidad de los líderes negros y su forma de actuar. Sin embargo, sabe que el pueblo estadounidense está a la espera de reformas liberales en esta materia y que los afroamericanos constituyen un electorado al que también tiene que seducir.

A partir de 1945, la cuestión de la segregación se convierte en el tema central del país. De hecho, muchos estadounidenses se han dado cuenta de que los valores de su nación no se pueden respetar mientras exista este tipo de discriminación. Las asociaciones de defensa de los derechos de los afroamericanos, como la NAACP (National Association for the Advancement of Colored People) o la Urban League, multiplican las protestas no violentas, en las que los blancos también participan. Personalidades como Martin Luther King (pastor estadounidense, 1929-1968) o Medgar Evers (1925-1963) obligan al gobierno a pronunciarse y, en 1954, el Caso Brown contra el Consejo de Educación de Topeka, en Arkansas, hace inconstitucional la segregación en las escuelas públicas. Pero el camino hacia la igualdad entre las dos poblaciones es largo, y el racismo endémico de los Estados del Sur no acaba. Así, en la segunda mitad de los años cincuenta estallan numerosos disturbios, siendo sin duda el más destacado el de Little Rock, en Arkansas, que obliga al presidente Eisenhower a recurrir al ejército para contrarrestar una manifestación a favor de la segregación.

UN PERIODO MARCADO POR LA GUERRA FRÍA

Cuando John F. Kennedy accede la presidencia, la imagen de
los Estados Unidos está ligeramente dañada de cara a la escena internacional. Aunque el país sufre una pequeña crisis
económica, lo que más le molesta al pueblo estadounidense
es la puesta en órbita de dos satélites rusos en el año 1957
sin que sus propios científicos lo hubieran conseguido antes. Pero, más que una burla en la carrera espacial, lo que

esto significa sobre todo es que ahora la URSS es capaz de construir cohetes de largo alcance que pueden alcanzar directamente a los Estados Unidos.

Las relaciones entre los Estados Unidos y la URSS de Nikita Kruschev (1894-1971) se recrudecen aún más cuando se suspende la conferencia de París. Esta cumbre, que debía tener lugar en la capital francesa entre las dos superpotencias, estaba prevista para la primavera de 1960. Sin embargo, el 5 de mayo del mismo año, un avión espía estadounidense U-2 es derribado por los soviéticos, que consideran que esta intrusión en su territorio es inaceptable. Entonces, el gobierno de los Estados Unidos recurre a mentiras inverosímiles antes de reconocer que el presidente Eisenhower aprueba estas misiones de espionaje desde 1956, y que no piensa suspenderlas. Dada la magnitud de la protesta internacional, el presidente cede y anuncia la retirada del espacio aéreo ruso de los U-2. Pero Nikita Kruschev exige una disculpa pública que los Estados Unidos no pedirán, por lo que decide boicotear la conferencia.

John F. Kennedy es un ardiente enemigo del comunismo, y su mandato es un hito en la historia de la Guerra Fría. En solo dos años y diez meses, el presidente tiene que gestionar dos grandes crisis, ambas en Cuba. De hecho, los revolucionarios comunistas dirigidos por el general Fidel Castro (nacido en 1926) toman el poder y destituyen a Fulgencio Batista (1901-1973) el 1 de enero de 1959. Aunque los Estados Unidos habían liberado la isla del yugo español en 1898, lo peor es que, cincuenta años después de los hechos, estos siguen manteniendo la posesión del 90 % de la minería, del 40 %

de las plantaciones de caña de azúcar y de la base militar de Guantánamo.

Desde su llegada al poder, Fidel Castro establece una reforma agraria cuyo objetivo es la expropiación de los propietarios extranjeros de la región. Al mismo tiempo, se nacionaliza la tierra y el país se acerca a la URSS. La desconfianza y la rigidez del nuevo jefe de Estado hacia los Estados Unidos hace que una parte de la población cubana, reacia a adoptar las medidas comunistas, se inquiete. Los Estados Unidos, por su parte, ven con malos ojos la situación y, en enero de 1961, rompen las relaciones diplomáticas con Cuba. Entonces, la CIA decide desarrollar un plan, aprobado por Eisenhower, para derrocar a Fidel Castro. Pero la decisión de intervenir o no estará en manos de Kennedy.

MOMENTOS CLAVE

LAS PRIMARIAS Y LA ELECCIÓN DE 1960

A partir de 1956, John F. Kennedy reflexiona con su padre sobre la estrategia que tiene que adoptar para acceder a la Casa Blanca. Ambos son conscientes de que las creencias religiosas (el catolicismo en un país predominantemente protestante) y la edad (39 años) de John obstaculizan el cumplimiento de su deseo de acceder al poder supremo. Por lo tanto, su objetivo no son las elecciones de 1956, sino las de 1960. Si bien parece cierto que el republicano Eisenhower aplastará a su oponente, el demócrata Adlai Stevenson (1900-1965), John F. Kennedy sigue presentando su candidatura a la vicepresidencia de este último. Aunque fracasa, no por ello deja de convertirse en una figura central dentro del Partido Demócrata, y por lo tanto está en condiciones de representar a su partido en las elecciones de 1960.

John F. Kennedy trabaja para preparar su candidatura a la investidura demócrata: participa en las investigaciones mediatizadas llevadas a cabo por el Congreso sobre la corrupción de los sindicatos en general y, más en concreto, del de los camioneros, liderado por el polémico Jimmy Hoffa (1913-1982), escribe un libro, *Perfiles de Coraje*, que gana el premio Pulitzer, y se realizan muchos reportajes sobre su matrimonio. Aunque su padre permanece en las sombras, continúa dando valiosos consejos y usando sus contactos. Por su parte, sus hermanos y hermanastros viajan por todo el país y multiplican las encuestas para tomar el pulso del electorado demócrata. Pocas veces se habrá preparado tan bien una campaña para las primarias.

Jimmy Hoffa y el sindicato de camioneros

Jimmy Hoffa, conocido por sus vínculos con la mafia y a pesar de estas fuertes sospechas, es elegido presidente del sindicato de camioneros estadounidenses (teamsters) en 1957. En este momento, la imagen de los sindicatos se deteriora a ojos de la opinión pública debido a diversas investigaciones que ponen de manifiesto la corrupción de sus líderes. Los camioneros no contribuyen a mejorar la imagen del grupo, e incluso son expulsados de la AFL-CIO, la principal central sindical de los Estados Unidos. Por su parte, Jimmy Hoffa, a través de un complejo sistema que involucra los fondos de pensiones de los teamsters, blanquea el dinero de la mafia italoamericana. La comisión del Congreso en la que participa John F. Kennedy no puede inculparle, y hay que esperar hasta 1967 y al duro trabajo de Robert Kennedy para que el líder sea condenado a 15 años de prisión. En 1971, Richard Nixon (1913-1994) le indulta. Sin embargo, Jimmy Hoffa no tiene derecho a reanudar sus actividades sindicales. Desaparece en 1975, probablemente asesinado por la mafia, y, aunque nunca se encuentra su cuerpo, es declarado muerto en 1982.

John F. Kennedy anuncia oficialmente su candidatura a las primarias demócratas el 2 de enero de 1960. Pero tiene que enfrentarse, en particular, a Hubert Humphrey (1911-1978). Después de una ajustada victoria en Wisconsin, Virginia

Occidental, un estado pobre y predominantemente protestante, constituye la etapa decisiva. John F. Kennedy cierra en él el debate sobre su pertenencia a la fe católica y vence con el 61 % de los votos. En la Convención Demócrata celebrada en Los Ángeles (11-15 de julio de 1960), triunfa sobre la vieja guardia del partido, formada por Adlai Stevenson (1900-1965), Stuart Symington (1901-1988) y, especialmente, Lyndon B. Johnson (1908-1973).

Discurso de campaña de Kennedy en Florida en 1960.

A pesar de una terrible lucha y de una campaña de desprestigio entre ambos, John F. Kennedy elige a Lyndon B. Johnson como compañero de candidatura para atraer los votos conservadores del Sur. Del lado republicano, Richard Nixon, vicepresidente de Eisenhower, es el que va a representar al partido. Los dos hombres, que se miden las fuerzas mutuamente desde hace 14 años, pueden finalmente enfrentarse: la batalla promete ser apasionante.

En ese momento, Eisenhower sigue siendo apreciado por sus compatriotas y el trabajo de Nixon como su vicepresidente está bien valorado. John F. Kennedy se encuentra en una posición difícil para elegir su ángulo de ataque. De hecho, no puede mostrarse demasiado implacable y cuestionar el resultado de su predecesor, a pesar de la desaceleración de la economía. Su programa, cuya palabra clave es lo que llama la «nueva frontera» (*New Frontier*), busca sobre todo poner a los Estados Unidos en movimiento y luchar contra los peligros del comunismo, puesto que la situación cubana asusta a la opinión pública estadounidense. De esta manera, logra hacer brotar una nueva esperanza entre la juventud y preconiza el dinamismo.

En lo relativo al fondo, los candidatos no se distinguen mucho. Pero en la forma, la cosa cambia. De hecho, esta elección presidencial está marcada por la importancia de la televisión, y los cuatro debates de una hora, retransmitidos en directo, desempeñan un papel esencial en la elección de los estadounidenses.

Debate televisado que enfrenta a Kennedy y a Nixon, el 21 de octubre de 1960.

Richard Nixon, que cuenta con una reputación de orador resistente, cree que su experiencia y su profesionalismo podrán con el encanto del candidato demócrata, al que considera un poco vacío. Sin embargo, durante una de estas citas televisivas, aparece cansado, le duele su lesión en la rodilla y suda. Frente a él se encuentra un John F. Kennedy que seduce a los espectadores con su serenidad, su encanto y su seguridad en sí mismo y en lo que dice, a veces divertido. Tras los debates, las encuestas anuncian la victoria del candidato demócrata con seis puntos de ventaja. El día de las elecciones, sin embargo, la realidad es muy diferente: John F. Kennedy se sitúa efectivamente por delante, pero con solo el 49,7 % de los votos, mientras que Nixon obtiene un 49,6 %. La victoria está lejos de ser triunfante, y la ayuda de Lyndon B. Johnson se revela decisiva en los estados del Sur.

UNA ATRACTIVA CASA BLANCA

El 20 de enero de 1961, John F. Kennedy se traslada a la Casa Blanca con su familia. El lugar, que se mantuvo discreto bajo el mandato de Eisenhower, se convierte en un sitio lleno de actividad donde los periodistas escrutan el menor de los movimientos y de los gestos de la familia más perfecta en los Estados Unidos.

Investidura de John F. Kennedy, el 20 de enero de 1961.

Kennedy ubica a sus hombres en los puestos clave. Así, Robert es nombrado a los 35 años *attorney general* (fiscal general), uno de los cargos más importantes de la administración estadounidense. Pero el nepotismo del nuevo presidente no se detiene aquí. Su cuñado Sargent Shriver (1915-2011) es elegido para presidir el Cuerpo de Paz (Peace Corps), una asociación cuyo objetivo es promover la paz en el mundo. Los otros hombres fuertes de la administración de Kennedy son Robert McNamara (secretario de Defensa, 1916-2009), Dean Rusk (secretario de Estado, 1909-1994) y McGeorge Bundy (consejero de Seguridad Nacional, 1919-1996). Por supuesto, sus asesores de toda la vida, Ted Sorensen (secretario especial encargado de la redacción sus discursos, 1928-2010) y Pierre Salinger (portavoz de la Casa Blanca, 1925-2004), le siguen a Washington.

El Cuerpo de Paz

Cuerpo de Paz, o Peace Corps en inglés, es el nombre de una agencia independiente del gobierno de los Estados Unidos creada en 1961 por Kennedy, responsable de proveer asistencia a los países desfavorecidos en sectores como la educación, la agricultura, la salud, etc. Los voluntarios también tienen que enseñarle a los habitantes de estos países la cultura estadounidense y dar a conocer la cultura de estas regiones del mundo entre los estadounidenses.

Pero para dar una imagen perfecta, John F. Kennedy tiene que engañar ligeramente a los periodistas. Para ganarse su aprecio, en efecto, tiene que ofrecerles información sobre su vida familiar y mostrarles su mejor cara, todo ello mientras esconde unos problemas de espalda cada vez más dolorosos. De hecho, estos últimos le obligan a dormir la siesta, a ingerir muchos medicamentos para aliviar el dolor y a participar en ejercicios de gimnasia terapéutica. Sin embargo, frente a la cámara juega con su perro, participa en los partidos de fútbol de sus hijos y parece dinámico. Al igual que miente sobre su condición física, también lo hace sobre su vida sentimental. Mientras que la pareja que forma con su mujer hace soñar a miles de estadounidenses, John F. Kennedy es un seductor empedernido y le oculta sus aventuras a los medios de comunicación, una situación que a su esposa le cuesta aceptar.

LA POLÍTICA INTERNA

Cuando es elegido, John F. Kennedy no tiene como prioridad la mejora de las condiciones de vida de los afroamericanos. Mientras estos exigen cada vez más derechos, el exsenador de Massachusetts, que no quiere ofender al electorado conservador del Sur ni al electorado progresista, decide seguir una política de espera. Pero esta política rápidamente muestra sus limitaciones: los años de Kennedy están marcados por muchos atentados contra los líderes afroamericanos y agresiones contra la población negra. Sin embargo, son dos casos los que terminan por convencer a Kennedy para intervenir en la cuestión de los derechos civiles.

En septiembre de 1962, a James Meredith (nacido en 1933), un estudiante negro, se le permite entrar a la Universidad de Misisipi, pero el gobernador demócrata del estado, Rose Barnett (1898-1987), se opone. Entonces, el gobierno intenta llegar a un acuerdo, pero la situación empeora y el presidente se ve obligado a hacer intervenir a 23 000 soldados para calmar los disturbios. Además, en el mes de noviembre, toma medidas a favor de la comunidad negra para poner fin por decreto a la discriminación racial en la asignación de viviendas federales. Pero esta medida es sobre todo simbólica, y no contenta del todo a los afroamericanos.

El segundo caso es el de la «campaña de Birmingham» que tiene lugar en la primavera de 1963. La ciudad, apodada con razón «el Johannesburgo de Alabama» debido a la fuerte segregación que existe en la misma, es elegida por los activistas negros para llevar a cabo una campaña de sensibilización marcada por numerosas manifestaciones pacíficas organizadas por Martin Luther King. A pesar del carácter pacífico de los manifestantes, estos son regularmente arrestados por el *sheriff* Bull Connor (1897-1973), movido por simple racismo. Para poner fin a estas reuniones, este último decide soltar a los perros sobre las mujeres y los niños y permitir que sus hombres utilicen la porra contra los manifestantes, algo que conmociona profundamente a la opinión pública. Las imágenes, que dan la vuelta al mundo, obligan al gobierno a intervenir. La idea de la necesidad de igualdad entre las comunidades se abre paso en la mente del presidente, y su hermano, Robert, lo convierte en su caballo de batalla. Convencido de que Estados Unidos no puede cumplir su función civilizadora sin haber resuelto el problema de la desigualdad, John F. Kennedy prepara una ley en este sentido. No obstante, es asesinado antes de poder presentarla ante el Congreso. Su sucesor, Lyndon B. Johnson, continuará entonces el trabajo y promulgará el Civil Rights Act of 1964 (la Ley de Derechos Civiles de 1964), que prohíbe cualquier forma de discriminación (racial, sexual, religiosa, etc.) en todos los sectores y servicios públicos.

John F. Kennedy y los defensores de la causa negra.

Además de esto, otro acontecimiento aumenta aún más la popularidad de John F. Kennedy entre el pueblo norteamericano: su firme enfrentamiento contra las empresas siderúrgicas por el bien de sus conciudadanos. Para que haya un resurgimiento de la economía, el precio de los productos básicos —incluyendo el acero— debe ser estable. Para ello, la administración Kennedy logra alcanzar un consenso entre el sindicato y la patronal para, por una parte, limitar las demandas salariales y, por otra, evitar el alza de precios. Pero el líder de la industria, el US Steel, no adopta la decisión y aumenta el precio del acero. Entonces, John F. Kennedy convoca a las televisiones para acusar públicamente esta falta de honestidad. Además, ordena a las administraciones federales el boicot a las empresas que suban los precios. Frente a la determinación del presidente, el US Steel no tiene más remedio que abdicar. Así pues, Kennedy gana su enfrentamiento contra uno de los trusts estadounidenses más importantes.

LA LUCHA CONTRA EL COMUNISMO

Pero lo que más le interesa a Kennedy es la política exterior, que convierte en su campo predilecto. En plena Guerra Fría, el exsenador de Massachusetts será capaz de expresar su talento, y lo hará enseguida. El primer evento importante en el que interviene es el de la bahía de Cochinos (17-19 de abril de 1961), que acabará en un fiasco. Mediante la aplicación de un plan originalmente proyectado por Eisenhower para derrocar a Fidel Castro, John F. Kennedy comprende que sus teorías y sus intenciones de llevar a cabo una política exterior pacifista no durarán mucho.

Entonces, la CIA hace desembarcar a unos 1500 exiliados cubanos entrenados por las fuerzas estadounidenses en la isla con el fin de que el pueblo se una a los soldados y destituya a Fidel Castro. Pero la operación no está bien preparada, y los exiliados son capturados o asesinados. Así, John F. Kennedy se ve obligado a utilizar la libertad de estos como moneda de cambio y a reconocer por televisión el fracaso de la operación, de la que asume plena responsabilidad. Pero, en realidad, está convencido de que el director de la CIA, Allen Dulles (1893-1969), le ha manipulado, y por lo tanto lo destituye de su cargo. Desde ese día, Kennedy le guarda un profundo rencor al revolucionario cubano.

No obstante, la crisis más importante a la que John F. Kennedy tiene que enfrentarse es la de los misiles de Cuba. El 16 de octubre de 1962, el secretario de Defensa Nacional, McGeorge Bundy, informa al presidente de que unos aviones de reconocimiento estadounidenses han localizado emplazamientos de armamento de la URSS en construcción en el territorio de Cuba. Muchos de sus asesores le recomiendan bombardear estos emplazamientos para destruirlos, debido a la amenaza que suponen para los Estados Unidos. Pero Kennedy prefiere negociar con el presidente soviético Nikita Kruschev mientras establece un bloqueo a la isla. Los ojos del mundo se clavan en las dos superpotencias, que pueden sumir al mundo en una nueva guerra. Después de varias semanas de negociaciones, se llega a un acuerdo: los Estados Unidos no invadirán la isla de Castro a cambio de la retirada de los misiles rusos de Cuba. Se promulga otro acuerdo, pero debe permanecer secreto: para que la URSS proceda a la retirada, los Estados Unidos también deben sacar sus misiles de Turquía e Italia.

La lucha contra el comunismo no se limita al Viejo Continente, y la situación en Vietnam, que transformará a los Estados Unidos durante la década de 1960, echa raíces durante el mandato de Kennedy. Según los estadounidenses, la China comunista está tratando de extender su influencia ideológica a través de Asia, y si Vietnam cae en sus manos, lo seguirá el resto del continente. La prioridad es, por tanto, contener la expansión comunista en esta parte del continente.

Aunque es difícil conocer con precisión qué decisiones habría tomado Kennedy en caso de reelección, sus asesores sostienen que el presidente probablemente habría retirado las tropas estadounidenses de Vietnam. Con todo, él es el que aumenta los efectivos en esta zona para ayudar a los vietnamitas a derrocar al gobierno comunista. En la adopción de esta postura destaca la influencia de su hermano Robert, y Vietnam aparece como la región ideal para combatir el comunismo. El conflicto será el cáliz envenenado que Kennedy le dejará a su sucesor, Lyndon B. Johnson, cuya cuota de popularidad nunca volverá a recuperarse. Finalmente le corresponderá a Richard Nixon poner fin a este conflicto, que traumatizará a los Estados Unidos.

EL PROGRAMA ESPACIAL

La Guerra Fría y la rivalidad con el poder soviético causan una carrera desenfrenada en la investigación espacial. La puesta en órbita de los primeros Sputniks en 1957 y el lanzamiento del primer hombre al espacio por los soviéticos el 12 de abril de 1961 obligan a Kennedy a concederle amplios recursos al programa espacial de los Estados Unidos. De hecho, es el momento de reaccionar. Kennedy deja en manos de su vicepresidente la elección del objetivo que permitirá restaurar la imagen del país.

El 25 de mayo de 1961, el presidente anuncia ante el Congreso el lanzamiento de un programa espacial que pretende alunizar astronautas estadounidenses antes de que se acabe la década. Los fondos asignados a la NASA pasan de los 500 millones de dólares a los 5,2 mil millones en cinco años. El objetivo se logra el 21 de julio de 1969, cuando Neil Armstrong (1930-2012) y Buzz Aldrin (nacido en 1930) dan sus primeros pasos sobre la Luna.

John F. Kennedy pronunciando su discurso en el Congreso anunciando el objetivo estadounidense de alcanzar la

DALLAS, 22 DE NOVIEMBRE DE 1963

El mandato de Kennedy se detiene bruscamente el 22 de noviembre de 1963 durante su visita a Texas con fines electorales, un estado en el que no es muy apreciado. Todo el mundo ha visto las imágenes del que constituye uno de los acontecimientos más importantes de la segunda mitad del siglo XX. Mientras saluda a la multitud desde una limusina descapotable, Kennedy es alcanzado en el cuello por una bala antes de que otra le alcance en la cabeza. El gobernador John Bowden Connally (1917-1993), que está sentado en el coche, es alcanzado en el pecho, pero sobrevivirá al ataque. El presidente, gravemente herido, es trasladado directamente al hospital Parkland, donde será declarado muerto después de 30 minutos de vanos intentos de reanimación. Según las investigaciones oficiales, el tirador es Lee Harvey Oswald (1939-1963), un hombre de 24 años de edad que es arrestado por las fuerzas de seguridad poco después del asesinato. El 24 de noviembre, cuando se le transfiere a la prisión de Dallas, es asesinado por Jack Ruby (1911-1967), cuyas motivaciones nunca se han esclarecido.

Conmemoración funeraria de John F. Kennedy, el 25 de noviembre de 1963.

Existen numerosas teorías sobre el atentado cometido ese día. La Comisión de Investigación de la US House Select Committee on Assassinations (HSCA) de 1976 llega a nuevas conclusiones, y afirma que hubo una conspiración. Además, la Comisión asegura que se dispararon cuatro balas y que un tirador cuya identidad sigue siendo desconocida habría usado un arma de fuego pero habría errado el tiro. ¿Es obra de la CIA, de Cuba, de los soviéticos, de Lyndon B. Johnson? El misterio sigue ahí y todavía alimenta el imaginario estadounidense.

Kennedy es el cuarto presidente de los Estados Unidos que es asesinado. El primero fue Abraham Lincoln, que, el 14 de abril de 1865, fue gravemente herido al ser alcanzado por una bala disparada por un simpatizante sudista, John Wilkes Booth (1838-1865), en el teatro Ford de Washington. Falleció como consecuencia de sus heridas al día siguiente. El 20.º presidente de los Estados Unidos, James Abraham Garfield (1831-1881), fue asesinado por Charles Guiteau (1841-1882), que le disparó en la espalda dos balas a quemarropa en una estación de Washington. El asesino, que padecía trastornos mentales, estaba decepcionado porque su candidatura para el cargo de embajador en París había sido rechazada. El presidente murió como consecuencia de sus heridas dos meses después del ataque. Finalmente, el 6 de septiembre de 1901, el anarquista Leon Czolgosz (1873-1901) disparó dos tiros contra William McKinley (1843-1901) en la Exposición Panamericana de Buffalo.

REPERCUSIONES

LA INVESTIDURA DE LYNDON B. JOHNSON

La primera repercusión del asesinato de Kennedy es la llegada a la función suprema de su vicepresidente, Lyndon B. Johnson.

Lyndon B. Johnson presta juramento a bordo del Air Force One, acompañado por Jacqueline Kennedy.

El carácter de este último contrasta bruscamente con la personalidad de *playboy* de Kennedy. De hecho, el tejano es un trabajador incansable y un político endurecido, además de un gran conocedor de las normas del Congreso y de las bajezas propias de la política. Su personalidad ambivalente hace que algunos lo consideren autoritario e irritante, mientras que otros dicen que es encantador, genuino, inteligente y talentoso. De hecho, su carácter y su carrera política no le impiden ampliar o incluso superar la obra de Kennedy. Dotado de una verdadera visión para su país, Lyndon B. Johnson pone en marcha su proyecto, Great Society («Gran Sociedad»), es decir, la frenética lucha contra la pobreza, el establecimiento de un seguro de salud para los ancianos y la mejora de las condiciones de vida de los afroamericanos, además de una ley de inmigración más justa y que favorece la reunificación familiar. Así pues, la presidencia de Lyndon B. Johnson permite concretar los proyectos que Kennedy no pudo llevar a cabo.

Por desgracia para el texano, la historia le recuerda sobre todo por su mala gestión de la guerra de Vietnam, en parte heredada de su predecesor. Porque si existe un punto ideológico en el que se desmarca de Kennedy, ese es el de la política exterior. Lyndon B. Johnson no sabe mucho de ella y, cuando se enfrenta a la situación en Vietnam, su liderazgo se critica abiertamente. Como Kennedy había autorizado a la CIA a realizar misiones de espionaje en Vietnam sin informar al Congreso, el texano decide continuar esta lógica. No obstante, ante el empeoramiento de la situación, se ve obligado a entrar oficialmente el país en lo que supone uno de los mayores traumas para los Estados Unidos en el siglo XX.

EL CIVIL RIGHTS ACT

Lyndon B. Johnson actúa rápidamente en el tema de los derechos civiles mediante la promulgación de la Civil Rights Act, que prohíbe la discriminación basada en la raza, el color de piel, la religión o el origen étnico. En caso de incumplimiento por parte de un estado, el texto prevé la suspensión de los subsidios federales. De hecho, se trata del importante y ambicioso proyecto de ley deseado por John F. Kennedy y por su hermano, pero cuya implementación se vio retrasada por su asesinato. El texto se completa al año siguiente con el Voting Rights Act (Ley de derecho al voto), que garantiza el derecho al voto de todos y elimina la discriminación en lugares públicos, en los servicios y en el empleo. Cuando reflexionaba sobre esta ley, Kennedy se esperaba una férrea oposición por parte de los representantes electos del Sur segregacionista, y esto es precisamente lo que le sucede a su sucesor, que ejerce una presión asfixiante sobre sus legisladores. Sin embargo, acorralado por la guerra de Vietnam, el presidente abandona gradualmente su programa de Great Society y no puede evitar el estallido de disturbios raciales en 1965, que se multiplicarán hasta el final de la década.

UNA PRESIDENCIA EN EL PUNTO DE MIRA

La presidencia también sufre un profundo cambio tras el mandato de Kennedy, que la hace entrar en una era más mediática. Desde los años sesenta, la televisión está presente en casi todos los hogares estadounidenses y para muchos ciudadanos es la única fuente de información. John F. Kennedy comprende enseguida la función vital de esta nueva herramienta, y sabe tanto controlar a la prensa como halagarla. Esta cualidad se convierte más tarde en primordial para los candidatos a la presidencia. Además, desde el legendario cara a cara entre John F. Kennedy y Richard Nixon, los debates televisados ganan importancia en la vida política estadounidense. Con todo, habrá que esperar al año 1976 para que dos políticos participen de nuevo en uno, pero desde esta fecha, los debates se convierten en sistemáticos. El entusiasmo del público es tal que la televisión retransmite poco a poco los enfrentamientos entre los compañeros de candidatura, y desde la primera campaña de Barack Obama (nacido en 1961) asistimos a debates televisados entre candidatos de un mismo partido, tanto del bando republicano como del demócrata, que aspiran a la investidura.

Esta tendencia a informar a la gente también se refleja en el creciente número de conferencias de prensa. Kennedy respondía en directo a las preguntas de los periodistas y llevó a cabo una media de 23 conferencias televisadas de este tipo al año, al igual que Bill Clinton (nacido en 1946), George W. Bush (nacido en 1946) y Barack Obama. De alguna manera, Kennedy inspiró más la comunicación de los presidentes estadounidenses de los años 1990-2000 que la de sus sucesores más próximos. Los republicanos Richard Nixon, Ronald Reagan (1911-2004) y George H. W. Bush (nacido en 1924), por el contrario, desconfiaban de la prensa y a menudo se mostraban reacios a dar información y a abrir las puertas de la Casa Blanca a los periodistas.

EN RESUMEN

- John F. Kennedy nace en 1917 y crece en una familia rica y poderosa. Su padre tiene grandes ambiciones para cada uno de sus hijos.
- La juventud de John Kennedy está salpicada por muchas enfermedades, especialmente unos importantes dolores de espalda que le perseguirán toda la vida.
- Antes de que estalle la Segunda Guerra Mundial, ocupa un puesto no remunerado al lado de su padre, que es entonces embajador en Londres. Bien situado, se forja

una opinión referente a la política internacional.

- Durante el conflicto, su patrullero es derribado. En el mar, salva a uno de sus compañeros y a continuación vuelve a marcharse para buscar ayuda. Gracias los contactos mediáticos de su padre, que se encargan de difundir y exagerar esta historia, John Kennedy se convierte enseguida en un héroe.

- Después de graduarse en Harvard, y gracias a la fortuna de su padre y a una innovadora campaña mediática, se convierte en representante de Massachusetts en 1946, y más tarde, en 1953, en senador del mismo estado.

- Ese año se casa con Jacqueline Lee Bouvier, conocida como Jackie, con la que forma la pareja presidencial más glamurosa de los Estados Unidos.

- Gracias a su programa «Nueva Frontera» y a su forma de encarar los debates televisivos, John Kennedy consigue venderle su juventud y su energía a los votantes estadounidenses y, en 1960, se convierte en el 35.º presidente de los Estados Unidos gracias a una ínfima diferencia que le sitúa por delante de su oponente, Richard Nixon.

- Del 17 al 19 de abril de 1961, el exsenador de Massachusetts permite el desembarco de 1500 exiliados cubanos encargados de destituir a Fidel Castro. La operación, conocida como la «bahía de Cochinos», acaba siendo un fracaso.

- A mediados de octubre de 1962, la tierra tiembla. Después de largas semanas de negociaciones entre los dos bloques, la URSS se compromete a detener la construcción de bases militares en Cuba.

- El 22 de noviembre de 1963, Kennedy es asesinado en Dallas tras ser alcanzado por dos balas —una en el cuello, la otra en la cabeza—, convirtiéndose así en el cuarto presidente de los Estados Unidos en ser asesinado.

- 41 -

PARA IR MÁS ALLÁ

FUENTES BIBLIOGRÁFICAS

- Forestier, François. 2013. *JFK. Le dernier jour.* París: Albin Michel.
- Giglio, James N. 1991. *The Presidency of John F. Kennedy.* Lawrence: University Press of Kansas.
- Kaspi, André. 1986. *Les Américains. Les États-Unis de 1945 à nos jours.* París: Seuil.
- Kaspi, André. 1993. *Kennedy, les 1 000 jours d'un président.* París: Armand Colin.
- Kaspi, André. 2007. *John F. Kennedy, une famille, un président, un mythe.* Bruselas: Éditions Complexe.
- Kaspi, André y Hélène. 2012. *Les présidents américains.* París: Tallandier.
- Lentz, Thierry. 1995. *Kennedy. Enquête sur l'assassinat d'un président.* París: Picollec.
- Mélandri, Pierre. 2013. *Histoire des États-Unis. L'Ascension. 1865-1974.* París: Perrin, colección *Tempus.*
- Michelot, Vincent. 2013. *Kennedy.* París: Gallimard.
- Moisy, Claude. 1998. *John Kennedy, enfance et adolescence.* París: Autrement.
- Moisy, Claude. 2003. *John F. Kennedy. 1917-1963.* París: Librio.
- Nau, Pierre. 2006. *JFK. Retour sur l'assassinat.* París: Le Manuscrit.
- Reymond, William. 1999. *JFK. Autopsie d'un crime d'État.* París: Flammarion.
- Scheim, David. E. 1990. *Dallas, 22 novembre 1963, les assassins du président John F. Kennedy.* París: Acropole.

- Snégaroff, Thomas. 2013. *Kennedy. Une vie en clair-obscur.* París: Armand Colin.
- White, Mark J. 1998. *Kennedy. The New Frontier Revisited.* Nueva York: Macmillian Press.

FUENTES ICONOGRÁFICAS

- El clan Kennedy, foto de 1931. © Richard Sears.
- Fotografía de John Kennedy cuando era teniente en 1943. © John F. Kennedy Presidential Library and Museum.
- Boda de John F. Kennedy y Jacqueline Lee Bouvier. © Toni Frissell.
- Discurso de campaña de Kennedy en Florida en 1960. La imagen reproducida está libre de derechos.
- Debate televisado que enfrenta a Kennedy y a Nixon, el 21 de octubre de 1960. La imagen reproducida está libre de derechos.
- Investidura de John F. Kennedy, el 20 de enero de 1961. La imagen reproducida está libre de derechos.
- John F. Kennedy y los defensores de la causa negra. La imagen reproducida está libre de derechos.
- John F. Kennedy pronunciando su discurso en el Congreso anunciando el objetivo estadounidense de alcanzar la Luna. La imagen reproducida está libre de derechos.
- Conmemoración funeraria de John F. Kennedy, el 25 de noviembre de 1963. © Abbie Rowe.
- Lyndon B. Johnson presta juramento a bordo del Air Force One, acompañado por Jacqueline Kennedy. © Cecil W. Stoughton.

PELÍCULAS

- *JFK: caso abierto*. Dirigida por Oliver Stone, con Kevin Costner, Tommy Lee Jones y Gary Oldman. Estados Unidos, 1991.
- *Parkland*. Dirigida por Peter Landesman, con Marcia Gay Harden, Zac Efron y Paul Giamatti. Estados Unidos, 2013.

en50MINUTOS.es
Historia
Economía y empresa
Coaching
EL DIAGRAMA DE ISHIKAWA
LA GUERRA DE PALESTINA DE 1948
DOMINA EL ARTE DEL NETWORKING

ISBN ebook: 9782806278487

ISBN papel: 9782806283191

Depósito legal: D/2016/12603/451

Libro realizado por <u>Primento</u>*, el socio digital de los editores*